Querida Yo

El Arte de Amarte

Crecimiento personal / Autoayuda

YENIFFER R. GONZÁLEZ MOLERO

Contacto: libroelartedeamarte@gmail.com
Instagram: @yeniffergonzalezz
www.yeniffergonzalezz.com

ISBN: 979-8-9889953-1-9

A mi pareja, a mi familia, a mis amigos y a todos aquellos que hicieron de mi vida una escuela.

Gracias, Carlos, por apoyarme en mis proyectos. Lograste ayudarme a salir de mi zona de confort, me motivas a buscar lo que hace brillar mis ojos. Gracias por darme cada día amor y comprensión, por tus besos y abrazos llenos de ternura, gracias por trabajar en ti, para ofrecerme tu mejor versión, por escucharme, por tus cuidados, por consentirme y por acompañarme en este camino que llamamos vida.

Te amo, piojito.

ÍNDICE

QUERIDA YO

De: Mí
Para: Mí

El pasado: una historia que ya paso. No lo veas con dolor o arrepentimiento, mejor, míralo como un escalón, historias que te hicieron aprender, momentos que te enseñaron a salir de tu zona de confort. Muchas veces, te sentiste abrumada con ganas de abandonarlo todo, pero mírate hoy aquí, escribiendo lo que podría ser tu primer libro, un libro que no solo habla de tu crecimiento personal y profesional, sino uno que va dirigido a todas aquellas personas que, como tú, algún día necesitaran ver la luz, un libro que tiene el propósito de mejorar la vida de quienes necesitan amor. Esta nueva etapa de tu vida te hace sentir orgullosa y abrazar a esa niña que algún día soñó con ayudar a otros.

Querida yo, si este fuese mi último día de vida, tengo que decirte que estoy muy orgullosa de ti. Te amo más que a nada en este mundo. Son tantas historias, que podría escribir decenas de libros. Este libro no se trata de mis historias, sino de cómo superé todos esos momentos que me hicieron sentir derrotada, que me llenaron de oscuridad, que apagaron mi sonrisa y mis ganas de vivir.

Quién diría que desde tu dolor conseguirías salir adelante y ver la vida con los colores más brillantes que has visto.

A ti, querida lectora, me gustaría decirte que, si estás pasando por momentos difíciles llenos de oscuridad, después de poner en práctica las técnicas que en este libro comparto contigo, podrás ver la vida diferente, ¡créeme!

Vivimos en una sociedad donde las malas noticias son nuestro día a día. Consumidos por las redes sociales, pero sin socializar con la realidad, nos escondemos detrás de una pantalla y aparentamos, muchas veces, tener una vida que realmente no tenemos. Aunque yo no lo veo tan oscuro, supongo que muchos de nosotros, utilizamos este medio como forma de distracción y también queremos compartir lo bonito que nos sucede. Eso para mí está bien. Sin embargo, pasamos muchas horas pegados a las pantallas, eso nos afecta en el ámbito personal, profesional y sobre todo psicológico. Porque, muchas veces, empezamos a compararnos con el resto y a cuestionar nuestra propia vida; es ahí donde el mundo se nos viene abajo.

Dedicar tiempo para trabajar en ti, en construir tu mejor versión y en sanar tus heridas, es y será el mejor y más maravilloso viaje que tendrás en tu vida. Autoconocerte no será tarea fácil, pero te aseguro que valdrá la pena.

> ❝ La peor soledad es no sentirse cómodo contigo mismo.
>
> MARK TWAIN

Hago un paréntesis aquí. Quise utilizar la letra "x" en sustitución del masculino o femenino para ser más inclusiva, pero, temo informarles que no funcionó, ya que se perdía la dirección de la lectura. Es por esta razón que estaré utilizando el femenino, pues creo que las mujeres sufrimos más de este tipo de situaciones. Sin embargo, mi intención es que este libro llegue a cualquier persona, que padezca una situación similar, sin importar el género.

1

MI NIÑEZ Y ADOLESCENCIA

Abusos, acosos, *bullying* y traumas

Querida lectora, te contaré un poco de mi historia, es muy difícil para mí hablar de mi vida y exponerme de esta manera al mundo. Aunque acepto mi pasado, porque valoro sus enseñanzas, siempre es difícil hablar de él. Hablar de mi pasado me hace sentir vulnerable, sin embargo, siento que solo conociendo mi historia entenderás, por qué escribí este libro.

Mi nombre es, Yeniffer Rossana González Molero, nací en Maracaibo, Estado Zulia en Venezuela y, actualmente, tengo treinta años. Me considero una persona amante del conocimiento. También soy PAS (una persona altamente sensible) eso me hace tener muy buenas cualidades, pero, como todo, tiene sus pros y contras, ser altamente sensible puede afectarme emocionalmente más que al resto de las personas.

Vengo de una familia muy grande, de padres separados, tengo un hermano mayor y seis medios hermanos, podría decir que principalmente me criaron mi bisabuela y mi abuela materna, también mis tías formaron parte importante de mi crecimiento. Aunque mis padres rehicieron sus vidas con nuevas parejas y tuvieron nuevos hijos, yo siempre los vi como una amplia familia, crecí amándolos a todos por igual. Tuve una educación anticuada, llena de valores y principios como el respeto por los mayores. Desde niña fui ambiciosa, quería aprender muchas cosas y soñaba con ayudar a la humanidad de alguna manera, sentía que ayudar a otros era mi propósito de vida. Supongo que eso lo aprendí de mi abuela materna, al ver su empatía y amor por otros, siempre ayudando a su madre, hermanos y a todos aquellos que la necesitaran. Siempre vi en ella ese amor incondicional que indirectamente plantó en mí.

Aún conservo algunos recuerdos graciosos de cuando estaba en el kínder. Tenía entre tres y cinco años. Amaba utilizar plastilina para hacerme uñas largas y me ponía en los zapatos unos botes de aluminio (que representaban los tacones altos), hasta que un día, caminando, mientras mostraba mis uñas de plastilina a mis compañeritas de clase, me tropecé y me caí. Como me pegué en la cabeza, me salió un chichón enorme, así que esa fue la última vez que usé botes de aluminio como tacones (ja, ja, ja).

BULLYING Y TRAUMAS

No todos mis recuerdos son tan graciosos como ese último, mi vida no era tan bonita. Déjame contarte un poco más. Mientras fui creciendo, me hacía muchas preguntas: ¿por qué mis padres se habían separado?, ¿por qué yo no podía tener una familia unida y feliz?, ¿por qué eran mis abuelas quienes me criaban?, ¿por qué mi madre trabajaba incansablemente y no nos dedicaba tiempo?, ¿por qué mi padre no ayudaba a mi madre?, ¿por qué después de que mi madre rehizo su vida, me dejo a mi suerte, en manos de mi bisabuela? Eran muchas preguntas para una niña, y para hacer un poco más dramática la historia, mi hermano y yo, muchas veces, sufrimos de maltrato físico por parte de mi bisabuela. Cuando yo era niña sentía mucho rencor por la manera en como nos estaba educando, pero, ahora de grande y desde el perdón, puedo entender que mi bisabuela, solo hacía lo que a ella le habían enseñado.

Mi hermano y yo, con menos de diez años, estuvimos a punto de escapar de casa. Muchas veces cuestionamos nuestra vida e incluso fantaseamos con suicidarnos. Ya no queríamos más maltratos. Aunque el maltrato que yo recibí, no puedo compararlo con el que recibió mi hermano, recuerdo que ella lo golpeaba con cualquier cosa que consiguiera a mano: palos, cuerdas, mangueras, cinturones, etc. Esas eran las consecuencias si no hacíamos caso a mi bisabuela, quien nos amenazaba con pegarnos más fuerte, si contábamos algo a mis padres. Pero, ¿quién iba a creernos —pensábamos mi hermano y yo— si nuestros padres prácticamente nos abandonaron?

Mi padre nos veía poco, solo en ocasiones especiales, como cumpleaños o navidades. En esas fechas, todo era muy bonito, mi hermano y yo recibíamos de su parte el amor que nos faltaba durante todo el año. Nos daba algunos regalos, nos compraba ropa y nos llevaba a pasear. Solo entonces recordábamos que éramos niños. Mi madre trabajaba mucho y nos daba amor en su tiempo libre. Aunque eran muy pocas las horas que nos dedicaba, nos hacía sentir mucho amor, supongo que era lo normal al ser madre soltera de dos niños.

Fuimos creciendo, mi madre con su marido y nuevos hijos, mi padre con su mujer y nuevos hijos y mi hermano y yo con nuestras abuelas. Mi hermano se volvió un poco rebelde y mi madre decidió que lo mejor sería enviarlo un tiempo a vivir con mi padre, sin saber el infierno que mi hermano viviría. Él siguió recibiendo maltratos, pero, esta vez de mi padre, quien afectó su autoestima con palabras como: "tú no sirves para nada", "nada haces bien", "¡ya madura, eres un inútil!", entre muchas más. Las secuelas que dejó ese maltrato psicológico hasta la fecha lo afectan y él sigue trabajando en ellas. Obviamente, esa no fue la mejor manera de educar a mi hermano, pero ¿quién soy yo para juzgar a mi padre cuando él tampoco tuvo el apoyo de su padre mientras crecía?

Yo, por otro lado, me mudé a casa de mi madre para terminar los últimos años del colegio. Luego, en primer año de bachillerato, regrese a vivir con mi abuela. Después viví un año con mi padre mientras cursaba el segundo año de bachiller (fue la primera y última vez que viví con mi padre). Y, por último (de tercero a quinto año de bachillerato), regresé de nuevo a vivir en casa de mi abuela. Prácticamente, cada año vivía en un lugar diferente.

Los días se convirtieron en años, mi bisabuela ya había envejecido, estaba tirada en cama sin poder moverse, con Alzheimer y otras enfermedades físicas, y fue allí donde aprendí a perdonar desde el corazón, sin que ella jamás lo hubiese pedido. Empecé a sentir compasión por una persona que fue cruel conmigo. Sin importar todo el daño que nos había hecho, yo la cuidaba, la duchaba, llegue a orar por ella, a dormir con ella, y a alimentarla hasta el día de su muerte. Esta experiencia me enseñó que muchas veces juzgamos a nuestros cuidadores por la manera en como nos educan, nunca estuve ni estaré de acuerdo con la enseñanza por medio del maltrato, pero entendí, que muchos de los miembros de mi familia fueron educados de esa manera y como consecuencia, siguieron el mismo patrón.

Otros, en cambio, decidieron cambiar y terminar con la violencia. Al final, somos la generación que detuvo ese tipo de abusos, ahora somos más conscientes de la manera en como enseñamos y nos dirigimos a otros con respeto.

" Soy más que mis cicatrices.

ANDREW DAVIDSON

Mi hermano y yo, recibimos mucho *bullying* mientras crecíamos: él porque tenía estrabismo y necesitaba lentes, y yo por ser la más delgada y alta de mis compañeros. Recibimos tantas burlas que yo ya no soportaba una más. Recuerdo un día que yo estaba en mi salón de clases y la profesora había salido un momento, los niños empezaron a burlarse de mí, me gritaban: "¡Palo de escoba!, ¡jirafa!, ¡mariapalito!, ¡Betty Spaghetty!, ¡poste de luz!". Todo por ser muy delgada y más alta que el resto, recuerdo que me dio tanta rabia, que sufrí un ataque de ira y empecé a levantar con mucha fuerza todas las sillas y mesas que había en el salón. Con suerte, no le hice daño a nadie, pero todos quedaron paralizados (aún recuerdo sus caras), nadie se esperaba que yo fuese a reaccionar de esa manera. En ese momento, llegó la profesora y al ver todo el salón desordenado me llevó a la dirección. Luego de calmarme pude explicar lo sucedido; la profesora y la directora me creyeron todo. Y es que… ¿Cómo no creerlo?, yo solía ser una niña muy tranquila y estudiosa, jamás habían tenido quejas de mí, así que no levantaron ningún reporte y se mantuvieron al tanto de que los otros niños se comportaran bien.

Para despejar mi mente de los problemas, yo tenía la costumbre de subir al techo de mi casa cuando me sentía abrumada o triste, ahí, nadie me veía llorar, también subía ahí para mirar el cielo, leer, dibujar o estudiar, ese era mi lugar seguro, donde sentía paz. Tenía una libreta de hojas blancas, que me había regalado mi madre en uno de mis cumpleaños, esa libreta la había hecho ella con sus manos… especialmente para mí. Yo la utilizaba como diario (para desahogarme), dibujaba personajes para darle vida a mis historias y eso me ayudaba a sentirme mejor. Ahí podía ser yo misma.

A consecuencia del *bullying* tenía muy baja autoestima. Recuerdo una noche que iba con mi tía y mi prima a una fiesta de 15 años. Me sentía muy triste, no me gustaba cómo me veía y, a escondidas, empecé a llorar. Mi tía me vio y me llevó con ella a su habitación en privado: "¿Por qué lloras?", me preguntó. Yo le expliqué que no me sentía bonita por mi delgadez y altura. Ella con amor subió mi rostro, tomó mi mano y me dijo mirándome a los ojos: "Yeni, eres hermosa, eres inteligente, eres buena, mírame... yo soy muy bajita, lo que te sobra a ti, quizás me falta a mí, yo tengo que usar tacones muy altos y aun así no logro tu estatura. Soy tan bajita que tengo que usar escaleras para alcanzar algunas cosas del estante, ¿y tú?, tú no tienes ese problema, si yo fuese tan alta como tú, te aseguro que amaría cada centímetro de más. Ser más alta que el resto no te hace fea, te hace diferente, incluso te da habilidades que otros no tienen. No permitas jamás que nadie te haga sentir mal por ser diferente, porque ser diferente te hace ser única". Esas palabras jamás las voy a olvidar: esa fue mi primera lección de autoestima.

> " Todo el mundo es extraño. Todos deberíamos celebrar nuestra individualidad y no avergonzarnos de ella.
>
> JOHNNY DEPP

A los nueve años, me toco mudarme con mi madre a otra ciudad. En el nuevo colegio ya me sentía con mejor autoestima. Nadie se burla de mí, amaba mis estudios. A los diez años ya representaba al colegio en deporte y arte e, incluso, llegué a ganar un trofeo en lanzamiento de pelota y me dieron un reconocimiento por una pintura que hice. A los once años pertenecía al grupo de baile de los más populares, eso me hizo sentir con más seguridad. Llegué a tener muy buenas amistades que hasta el día de hoy conservo.

ABUSOS Y ACOSOS

En la actualidad sigo trabajando en mis heridas del pasado. Durante mi vida, pase por varios abusos y acosos sexuales. Algunos compañeros de clases, supongo, querían experimentar y no conocían las consecuencias, ni siquiera yo las sabía. Un día fui acosada por varios de mis compañeros del colegio, quienes me agarraron a la fuerza para que uno de ellos me tocara mis partes intimas y me besara. Traté de defenderme a toda costa, logré zafarme y darle un puñetazo en la cara a uno de ellos. En ese momento sonó la campana y por suerte logré escapar.

Ya adolescente, me detectaron un problema en la columna y me remitieron a terapias físicas. Me atendían varios doctores. Mi abuela me acompañaba a las consultas y se quedaba en la sala de espera mientras yo entraba para mis terapias. Tenía un terapeuta que se portaba muy amable. Hasta que un día, estando en su oficina, me pidió que me quitara la ropa y me acostara en la camilla para realizarme un masaje. Yo me sentí incómoda y le dije: que no era necesario que me quitara la ropa, ya que el masaje sería en mi espalda, que yo podía subirme la camisa como en otras ocasiones lo había hecho y eso sería suficiente. Él me tomó de los brazos y me arrinconó en la pared, queriéndome besar. Yo le supliqué que me soltara. Él me decía que me calmara, que no sucedería nada que yo no quisiese. Le dije que si no me soltaba iba a gritar fuerte, hasta que alguien me escuchara. En ese momento me soltó, yo tomé mis cosas y salí de allí.

Años más tarde, ya siendo mayor de edad, empecé a trabajar. Una amiga me había conseguido un puesto como asistente administrativo en una compañía de tecnología. Los primeros días el dueño, mi jefe, se portaba muy amable conmigo, cada día que iba a trabajar me esperaba en la oficina, y me enseñaba mis actividades del día. Era una clase de entrenamiento, pero cada que se me acercaba para mostrarme lo que tenía que hacer en la computadora, me susurraba al oído lo guapa que me veía ese día. Como necesitaba el trabajo y no quería quedar mal con mi amiga, seguí yendo a pesar de que me sentía angustiada y no quería ir. En ese momento, no conocía las leyes y no había información suficiente con respecto al acoso laborar. Recuerdo el último día: como era costumbre, mi jefe me esperaba en la oficina, ya no me susurro solo lo bonita que me veía, sino que agregó: "Yeni me gustas mucho y quisiera verte fuera del trabajo". Aún recuerdo cómo latía mi corazón y lo nerviosa que él me hacía sentir, me sudaban las manos. Le dije que lo pensaría y le daría respuesta al siguiente día. Él aceptó.

Ese fue el último día que trabaje para él. No volví más a ese lugar.

¿Puedes imaginar lo que se siente estar haciendo tu trabajo y que se te acerque tu jefe para susurrarte al oído lo mucho que le gustas? Te adelanto que era asqueroso.

En esos años de mi vida, llegue a sentir mucho temor, no podía confiar en los hombres, me asustaba tener que exponerme a ellos. Sentía que llamaba mucho la atención, así que, empecé a vestirme con ropa holgada y a tener

8

una personalidad masculina, sentía que solo así podía protegerme. Vivía con miedo constante, cada día salía a la calle con la esperanza de que nada malo me pasara.

Jamás le he contado esas experiencias a nadie, mucho menos a mi familia, sentía tanto miedo de que no me creyeran. Supongo que creía que si lo contaba las cosas iban a empeorar. Y así como esos acosos, en mi vida hubo más. Ahora de adulta me doy cuenta de que las palabras que me decía mi bisabuela: "Nadie te va a creer, cuéntalo y te irá peor", me marcaron con tanta fuerza y se introdujeron tanto en mi cerebro que realmente me lo creí. Me arrepiento de no haber dicho nada en aquel momento, porque, quizás, otras chicas no corrieron con la suerte de escapar, como yo lo hice tantas veces.

No puedo regresar el tiempo, y si pudiera, quizás volvería a cometer los mismos errores, porque las experiencias vividas son las que te hacen madurar y aprender. Lamentablemente, yo era ingenua, una niña insegura y fácil de manipular. Ahora que he vivido y puedo alzar la voz, hago este libro que me hubiese gustado mucho leer en mi adolescencia. Ojalá hubiese tenido las herramientas que actualmente existen, como el acceso a la información y la aceptación de las terapias psicológicas.

Fue difícil crecer y escuchar comentarios de otras personas como: "¡tú puedes conseguir todo fácil, porque eres bonita!, ¡seguramente no tienes que esforzarte para lograr las cosas!, ¡siempre eres positiva, seguro tienes una vida perfecta!, ¡Yeniffer no se queja de nada porque siempre está bien!". Sin saber todo lo que me ha tocado vivir para llegar a donde estoy. Espero que con este libro puedan comprender que una cara sonriente no significa una vida perfecta.

9

" Querida Yo-del-pasado,
perdóname por todas las veces
que te dije que podías sola,
cuando en realidad
necesitabas ayuda.

YENIFFER GONZÁLEZ

Los cinco años de bachillerato que cursé en el liceo fueron los mejores de mi adolescencia. Me enfoqué en tener muy buenas calificaciones y también representé a la institución en deporte y arte. Pertenecía al club de disciplina (manteníamos el orden de los estudiantes), y al grupo de cuidado ambiental. Todos me conocían y me respetaban, fue maravilloso. Hice muy buenas amistades que aún conservo. Llegué a ganar reconocimientos en poesía y al mejor promedio académico.

Al graduarme de bachiller en ciencias, recibí una beca del estado, para estudiar administración de empresas y me otorgaron el proyecto AMA (Admisión por Mérito Académico) para entrar en la universidad del estado Zulia, LUZ, una de las mejores universidades del país, donde empecé a estudiar Ingeniería Geodésica. Dos años después, empezaron problemas muy graves en el país. Había huelgas en contra del gobierno, el ambiente estaba tenso y peligroso y como la universidad quedaba muy lejos de mi casa, decidí cambiarme de carrera y tomar la beca del estado para estudiar administración de empresas, en el instituto UNIR que es una universidad tecnológica que estaba más cerca de donde yo vivía.

Meses después, empecé a trabajar y como consecuencia perdía clases en la universidad, así que me quitaron la beca, pero eso no me detuvo, con lo que ganaba en mi trabajo podía pagar la universidad. Reorganicé mis horarios con Farmatodo Sur, la empresa para la que trabajaba; los gerentes me tenían mucho aprecio, y con su ayuda, pude regresar a mis estudios, pero, esta vez, solo iba a la universidad los viernes y sábados todo el día. Esta etapa de mi vida fue muy agotadora. No tenía tiempo para nada que no fuera trabajar y estudiar. Recuerdo que dormía muy poco, comía muy mal y no socializaba con nadie, pero al final lo logré, terminé mi carrera y me gradué como Técnico Superior Universitario en Administración, en el año 2016.

Acabo de cumplir treinta años, es julio del año 2023, mientras escribo este libro, miro atrás y puedo ver lo increíble que ha sido mi vida en los últimos años, pero si me detengo a pensar, también puedo ver mucho dolor. Hay partes de mi vida muy tristes que no publicaré aquí. Quiero aclarar que mientras crecía leí muchos libros de autoayuda y de adulta asistí a terapias psicológicas. Fui dándole respuesta a todas esas preguntas que desde niña me perturbaban.

> "Está bien sentirse mal y triste si estás pasando por un duro momento, valida tus emociones y date el amor que en su momento no recibiste.

YENIFFER GONZÁLEZ

11

Te cuento mi historia, no para que sientas lástima por mí, sino para que te veas en un espejo y sepas que después de una tormenta siempre sale el sol acompañado de un hermoso arcoíris. Aprendí que no todos los hombres son malos, que las experiencias que me tocó vivir pudieron haberles pasado a cualquiera, que no podía tener miedo a salir de casa, porque, esta vida vale la pena vivirla.

Una vez escuche un discurso que me gusto mucho, de una mujer que hablaba sobre el género masculino. El discurso iba algo así: *"el hombre no viola, viola un violador"*, *"el hombre no mata, mata un asesino"*, *"el hombre no maltrata, maltrata un maltratador"*, *"el hombre no humilla, humilla un cobarde"*, *"la violencia no tiene género"*, *"el hombre por ser hombre no es malo"*, *"no se puede generalizar ni encasillar la violencia como si toda maldad y abuso fuera del género masculino"*. Para mí tenía mucho sentido, porque, yo también soy hija de un hombre, tengo hermanos, tíos, primos y abuelo.

Te adelanto un poco, mis hermanos, ya están grandes, algunos incluso con hijos y viviendo en otros países. Mis padres están solteros, cada uno viviendo su vida. Hablo con mi abuela, con mi padre y con mi madre por WhatsApp cada día, son ellos quienes me mantienen al tanto de mi familia; todos han crecido y evolucionado mucho. Mi relación con mi familia se convirtió en un núcleo de amor y respeto, mi mamá es ahora mi mejor amiga, mi relación con mi padre mejoró y mi abuela sigue siendo la luz de mis ojos. Actualmente, tengo más de seis años sin ver a mi familia, he estado viviendo de un país a otro, yendo por el mundo, quizás como cualquier otro inmigrante, con sus sueños en una maleta. Entre lágrimas puedo decirte, que no pierdo la fe, sé que pronto estaré abrazando de nuevo a mi familia.

2

REINADOS DE BELLEZA Y MODELAJE PROFESIONAL

Las historias que nadie cuenta

REINADO INSTITUCIONAL

Aquí empieza otra etapa de mi vida. Es una historia larga, así que trataré de resumirla de la mejor manera posible. Estando en la universidad (UNIR), tenía mucha influencia de mi profesora Sobeida González, quien me enseñaba la materia de legislación. Ella y mis compañeros de clase, querían que yo participara en un concurso de belleza que se realizaría en dicha universidad; en Venezuela los concursos de belleza son un evento de orgullo, así que lograron convencerme.

Mientras participaba, hubo mucho drama, no tenía tiempo de nada: mientras trabajaba y estudiaba, también asistía a los ensayos del concurso. Fue una locura. Cada chica representaba una carrera, aunque yo estudiaba la carrera de administración tuve que representar la carrera de psicopedagogía, porque cuando me inscribí en el concurso ya iban avanzados, y ya la carrera de administración la representaba Andrea, otra chica con quien más adelante hice amistad. Recuerdo que había mucha polémica interna en el concurso, se murmuraba que el jurado tenía a una favorita; una chica cantante que era conocida por haber participado en un programa famoso del país. Se murmuraba que como los jueces eran sus amigos, ella tendría ventaja para ganar. El resto de las chicas y yo no estábamos de acuerdo, pues, sentíamos que era injusto que el jurado conociera a la participante, exigimos que cambiaran al jurado y amenazamos con abandonar el concurso si no lo hacían. El coordinador del evento accedió y cambió al jurado. El día del *show*, las concursantes llegamos al lugar donde se llevaría a cabo el evento, nuestros maquillistas y estilistas nos arreglaron, nos vestimos y comenzó el espectáculo. Hicimos nuestras presentaciones, bailes y pasarelas en trajes de gala. ¡Jamás imaginé que yo sería la ganadora de la banda Señorita Elegancia! Andrea y yo quedamos como finalistas. Tomadas de la mano con fuerza, esperamos el resultado final del jurado. Fue una gran sorpresa para mí escuchar mi nombre como la ganadora del concurso, porque a pesar de sentir que yo tenía buenas cualidades para ganar, estaba compitiendo con chicas guapas y preparadas, y yo no tenía experiencia en concursos de belleza. Sin embargo, fue a mí a quien coronaron y me convertí en la CHICA UNIR 2014. Todas las participantes se alegraron y me felicitaron. Recuerdo haberme quitado la corona y con micrófono en mano, les dediqué a ellas el triunfo, les dije que esa corona era para todas y que todas habíamos ganado. Además del título, gané un hermoso recuerdo de esa experiencia y algunas amigas nuevas. Nunca pensé que ese sería el comienzo de mi carrera como reina de belleza.

Tras ganar ese concurso institucional, empecé a asistir a una pequeña agencia para modelos llamada Ariel Producciones, donde recibí mucho apoyo por parte de los coordinadores Israel, Patricia, Joselin, Ranssel y de mis compañeras.

> " Celebra tus propias victorias, porque nadie más entiende realmente lo que te costo alcanzarlas.

ANÓNIMO

REINADO REGIONAL

El siguiente año participé en otro concurso, esta vez estatal, gracias a la influencia de mi tía Emmy, quien creyó en mí y me apoyó en cada paso. De cientos de chicas que venían del Estado Zulia y Falcón, logré quedar seleccionada junto a treinta y ocho chicas como candidata oficial del Miss Nor Occidental 2015.

Luego de meses de preparación, llegó el día del concurso; día que jamás olvidaré. Aunque ahora lo recuerdo con gracia, porque entendí que la vida me tenía una lección preparada, que en ese momento yo no esperaba.

Estaba en la casa de mi padre. Me levanté muy temprano para ir a casa del diseñador de mi vestido de gala, pues tenía mi última prueba para la noche final. A mi padre se le había dañado el auto, así que me dijo que saliera a tomar un taxi. Al hacerlo, noté que no había nadie por las calles, excepto un par de motorizados. Mi intuición me dijo que algo pasaría, pero, como no tenía alternativa, tuve que seguir caminando. Al llegar a la esquina, me recibieron los motorizados, con una pistola en la mano, me apuntaron y me pidieron mi celular. Yo con nervios les dije que no tenía celular. Ellos un poco más agresivos me lo volvieron a pedir, yo lo saqué y se los entregué, pero antes les pedí que me regresaran el chip de almacenamiento, les dije que lo necesitaba —¡qué horror, cómo se me ocurrió hacerlo!— No me hicieron caso, en vez, me apuntaron de nuevo con la pistola y simplemente se fueron. Me quedé paralizada por un minuto y acto seguido, regresé a casa de mi padre. Al llegar con lágrimas en los ojos, mi padre me abrió la puerta; ya se imaginaba lo que había sucedido, así que se puso sus zapatos y me acompaño a buscar un taxi. Tomé el taxi con la esperanza de llegar a casa de mi diseñador, pero nunca lo conseguí, porque la dirección estaba guardada en mi celular y yo no la recordaba. Desistí y le rogué al universo que mi diseñador se presentara en el lugar donde sería el evento.

Llegué al Centro de Arte de Maracaibo Lía Bermúdez, donde se realizaría el concurso- Empezó a maquillarme mi querido Isidro Linares. Luego de pasar el día entre maquillaje, ensayos, entrevistas, etc., llegó mi diseñador Jonathan Navil, me dijo que había estado todo el día tratando de comunicarse conmigo, yo le conté lo sucedido con mi celular. Fuimos al baño para que yo me midiera el vestido. Afortunadamente, el vestido me quedó perfecto. Era hermoso, tal y como lo había soñado. Me contó que ya no vestiría a otra de las candidatas a la que él también le había hecho un vestido, pues, ese día por la mañana, había optado por otro diseñador, así que igual tenía ambos vestidos a mi disposición. Ambos eran hermosos, el mío de color rojo con una sexi apertura en la pierna, y el otro vestido era turquesa, me cubría hasta los pies. Yo amaba mi vestido e incluso había comprado unos tacones de terciopelo rojo para combinarlos.

Empezó el evento, hicimos nuestro show de apertura, luego nuestra presentación, desfilamos en traje de baño, y cuando ya nos tocaba hacer la pasarela en traje de gala, me di cuenta de que mis tacones de terciopelo rojo no estaban donde los había dejado. Me los habían escondido o robado, no entendía por qué alguien querría hacerme algo así —yo siempre fui muy buena compañera con todas las chicas—. Como no tenía más tiempo para "preocuparme" y ya era mi turno de salir, me tocó "ocuparme" y seguir usando los únicos tacones que tenía y que ya había usado durante todo el show, no eran bonitos y no combinaban con mi vestido rojo, así que mi diseñador y yo, decidimos que usaría el vestido turquesa, pues cubría mis zapatos.

Ya eran muchas las cosas malas que me habían pasado durante el día. No me iba a dejar vencer, así que, salí con el rostro en alto y una autoestima de vencedora.

¿Puedes adivinar qué pasó?

¡Me otorgaron la banda Chica Garbo y me coronaron Miss Nor Occidental 2015!

Junto a seis chicas más, fui una de las ganadoras para participar en la selección del Miss Venezuela, en representación del Estado Zulia y Falcon. No lo podía creer, ¡lo había logrado!

Hoy en día me sigo preguntando quién habrá robado mis tacones rojos (ja, ja, ja).

REINADO NACIONAL

Ganar el Miss Nor Occidental 2015 me dio la llave para prepararme y participar en la selección del concurso Miss Venezuela. Me mudé a la capital, Caracas, donde vivía mi familia paterna: mi abuelo, mis tías y Jacqueline, la esposa de mi abuelo. Ellos me apoyaron, me abrieron las puertas de su casa y me cuidaron. ¡Tengo tanto que agradecerles!

Ese mismo año tuve que someterme a una cirugía de senos y nariz. Fue una decisión difícil. Yo no quería hacerlo, pero según mi "representante" era necesario hacerme esas operaciones, para tener oportunidad de ser seleccionada en el Miss Venezuela. También me inscribí en la academia "Universidad de la Belleza Gisselle's", para aprender oratoria y pasarela. Empecé a ir al gimnasio y me pusieron una dieta especial. Fueron meses de mucha preparación.

Cuando llegó el día de la selección de las candidatas al Miss Venezuela 2015, el evento se transmitió en vivo y a nivel nacional por el canal Venevisión. Yo estaba muy nerviosa, rodeada de cientos de chicas hermosas, todas sentadas en un salón gigante esperando salir en la pantalla. Luego de un rato llegó mi turno, éramos seis chicas, juntas representando a los Estados Zulia y Falcón, hicimos un baile de presentación y esperamos la decisión del presidente del concurso, quien en ese momento era Osmel Sousa. Al terminar nuestra presentación hubo unos minutos de silencio, después de los cuales, escuche decir: "La ganadora y única representante del Estado Zulia, será la señorita... Yeniffer González".

Les juro que en ese momento quedé paralizada, mi cerebro se puso en blanco. Temblorosa, caminé hasta donde estaba el presentador Leonardo Villalobos, quien me preguntó cómo me sentía por haber sido seleccionada. Yo no podía hablar, ni siquiera recuerdo lo que le dije. Nunca imaginé que de seis chicas seleccionadas que venían del concurso Estatal, más cientos de chicas que venían de diferentes partes del país, fuese yo quien me convertiría en una de las 25 chicas candidatas al título Miss Venezuela 2015. Días después de quedar seleccionada, en otro evento televisivo me otorgaron la banda Miss Zulia, un sueño más hecho realidad. Yo creo que soñaba más con llevar la banda de mi estado en el pecho, que con ganar el Miss Venezuela. Y es que para quien no lo sepa, representar el estado Zulia es el orgullo más grande para cualquier Zuliano, porque somos personas muy regionalistas. Ahora que lo escribo, todavía no lo creo. Fue una experiencia increíble donde aprendí mucho y crecí profesionalmente. Fueron meses de preparación, experiencias por aquí, experiencias por allá. Recuerdo estar ensayando el baile y la canción del Miss Venezuela —un himno para todo el país en la noche final del concurso— cuando nos pidieron escuchar la letra porque la habían modificado un poco. Me senté en el piso mientras escuchaba y, con lágrimas en los ojos, recién pude creer que estaba viviendo mi sueño de participar en el Miss Venezuela. Desde niña vi cada año ese concurso, era algo mágico donde participan hermosas mujeres usando trajes de baño y vestidos de gala asombrosos. Entonces ¿puedes imaginarlo? En ese momento era yo una de ellas, estaba sentada en uno de los estudios de ensayo del programa más famoso de todo el país. No podía creer lo que estaba viviendo y lo lejos que había llegado. Fue maravilloso.

Sin embargo, en estos eventos no todo es color de rosa. Ahí viví una de las experiencias más dramáticas de mi vida. Y es que todas las candidatas son hermosas e inteligentes, con gran potencial para ganar, realmente cualquiera de ellas podría convertirse en la ganadora, pero, como siempre, hay favoritismos, muchas injusticias y también la influencia de muchas personas poderosas. Se murmuran muchas cosas, como que tal o cual pagó para que una determinada chica gane.

Cuando yo estuve ahí, se decía que algunas chicas se apalancaron de algunos patrocinadores, que cada posición dentro del concurso para la noche final ya estaba comprada, etc. Yo me sentía devastada, muy molesta y decepcionada, me molestaba saber que ganar no dependía de mí. Personalmente, puedo contar varias anécdotas: Recibí propuestas de hombres influyentes, que querían estar conmigo (tener sexo) y decían estar dispuestos a pagar mi posición final. No sé si realmente habrían podido sobornar a alguien del concurso, de todas formas, yo me negué. También uno de los patrocinadores, me escribió por Instagram diciendo que él podía hacer que yo ganara, pero lo ignoré y borré el mensaje. Una vez estando en el gimnasio, el entrenador físico, al cual llamaré Ronald, me llamó a su oficina para evaluar mi peso y medidas —como supuse en ese momento que hacía con todas las chicas—, y me dijo: "Te hubieses operado los senos más grandes para verte más sexi, yo podría impulsarte más que este concurso". No podía creer que estuviese escuchando esas palabras de su boca. Me negué y discutimos a consecuencia de eso. Roland empezó a inventar chismes de mí, me hacía *bullying* diciendo que yo estaba gorda, que me la pasaba comiendo chocolates. Imagina cómo eso me hacía sentir, luego de que en el colegio me hacían *bullying* por delgada y ahora resulta que estaba gorda. Yo me sentía muy incómoda asistiendo a ese gimnasio y teniendo que ver a Ronald cada día, por lo que le pedí a Osmel (presidente del concurso) que me dejara cambiarme de gimnasio. Él me preguntó la razón, pero yo no le conté la verdad, porque días antes yo había hablado otra persona que me dijo que no comentara lo sucedido, porque según, Ronald tenía influencias en el concurso y no me dejaría ganar. Yo le creí y mentí al presidente diciendo que me había mudado de zona, y ahora el gimnasio me quedaba más lejos de lo habitual, que yo prefería inscribirme en el gimnasio del hotel Lido, con el entrenador Eleazar al cual admiraba mucho por su trabajo y respeto. Osmel siempre fue muy respetuoso conmigo y aceptó mi petición.

Días después discutí con Gisselle (la presidenta del Nor Occidental 2015, y la encargada de la pasarela de Miss Venezuela 2015). Esto afectó mi situación. Según ella, yo no seguía sus órdenes y por esa razón no merecía la banda de Miss Elegancia, ni mucho menos ganar. ¿Tenía ella influencia para decirme esas cosas? Pues, al parecer sí tenía mucha. Sus órdenes eran vestirme, maquillarme y peinarme siempre como ella quería que yo lo hiciera (con moños/recogidos). Yo no estaba de acuerdo, porque sentía que ese era mi momento y tenía que expresar mi esencia. Aunque muchas veces seguí sus peticiones, un par de veces me negué y usaba el cabello suelto, eso hizo que discutiéramos. Recuerdo que el primer vestido "rojo" de gala que me hizo mi diseñador tal y como yo lo soñaba, ella lo cambió, le pidió que me hiciera un vestido nuevo, porque el color no le gustaba. Cuando me di cuenta, ya no había vuelta atrás. Ahora, luego de muchos años pienso sobre ese momento y, puedo entender que quizás ella solo deseaba que yo ganara y por eso muchas veces fue tan dura conmigo, pero yo en ese momento me sentía atacada y manipulada. Me afectaban mucho los comentarios de la prensa sobre mis peinados: "Zulia siempre lleva recogido el cabello, debería de soltárselo", y eso también influía en mis sentimientos.

En consecuencia de todo lo anterior, sentía que ganar no dependía de mí, así que, por rabia y decepción, comencé a comer todo aquello que me habían prohibido. Esa fue mi manera de expresar mi desacuerdo. Llegué a subir unos cuantos kilos. Incluso durante y después del concurso, empecé a sufrir de dismorfia corporal (*trastorno mental caracterizado por la preocupación obsesiva por un defecto percibido en las características físicas).*

La noche final, mi vestido de gala lo realizó Douglas Tapia, un diseñador Zuliano al cual admiraba mucho. Mi maquillaje estuvo a cargo de Andrés Eloy y José Piña quienes se hicieron mis amigos y de quienes estoy muy agradecida por todo el apoyo que me brindaron.

Antes de que empezara el espectáculo, sentí una impotencia que me llevó al llanto, pero tomé fuerzas, subí mi rostro, me sequé las lágrimas y me preparé para lucirme esa noche. Yo tomé la decisión de que nadie me hiciera sentir mal, yo sabía que ya no podía hacer nada para ganar, pero iba a disfrutar la noche final, porque eso era con lo único que me iba a quedar. Nadie podría arrebatarme mis recuerdos, ni evitar que cumpliera ese sueño que siempre tuve de niña.

Las veinticinco candidatas hicimos nuestros bailes, desfilamos en traje de baño, y luego con el vestido de gala. Posteriormente, nos otorgaron las bandas especiales y después los jueces eligieron a las finalistas. Yo fui elegida entre el cuadro de las diez mujeres más hermosas de mi país. Luego de la ronda de preguntas, el jurado eligió a la ganadora: el resultado "irónicamente" ya muchos lo conocíamos, coronaron a "Lara".

Días antes, en uno de los concursos previos a la noche final, me habían otorgado la banda Miss Piernas de Venus por decisión de votos nacionales. Además, gané mucho crecimiento personal, pude hacer valer mi decisión de no dejarme influenciar por otros y defendí mi estado con mis valores, aunque eso quizás me costó perder el título de Miss Venezuela. También me quedé con algunas buenas amistades, con las que luego del concurso compartí aventuras.

Quiero aclarar que no tengo la certeza de que fueran verdad los rumores que escuché. No tengo prueba de que las chicas se hayan apalancado de algún patrocinador, tampoco de que las ganadoras hayan pagado las coronas. De lo único que tengo certeza es de lo que yo como participante viví y que, al final, cada chica era hermosa e inteligente, con o sin ayuda de personas influyentes, realmente cualquiera de nosotras hubiese podido ganar.

Y si me preguntaras: ¿Yeni, de poder regresar el tiempo, volverías a participar en el Miss Venezuela?

-Te diría que sí, el Miss Venezuela es una puerta para grandes oportunidades.

> " Estoy aprendiendo a no sentirme culpable por poner límites. Siendo fiel a lo que existe dentro de mí.

YENIFFER GONZÁLEZ

PORTAFOLIO INTERNACIONAL

Tengo que admitir que concursar en el Miss Venezuela me abrió muchas puertas. Haber representado al Estado Zulia, mostró mi rostro al país, como consecuencia, logré desfilar para diseñadores nacionales e internacionales en diferentes pasarelas del Fashion Week a nivel mundial. Muchas marcas y empresas querían trabajar conmigo. También participé en otros concursos de belleza representando a Venezuela. Viaje a Ecuador para participar en el CN Models International Search, que se realizó dentro del Fashion Week de Ecuador, desfilé para la mayoría de los diseñadores y trabajé mucho para hacer de mi participación una experiencia con hermosos recuerdos. Gané el premio como mejor rostro del concurso y también fui la ganadora como mejor modelo internacional del EFW 2017.

El año siguiente, ya viviendo en Miami, Florida, participé en el concurso Dama Diamante, el cual también gané convirtiéndome en la Chica Dama Diamante Miami 2018.

¡Quién diría que esa niña a la cual le hicieron tanto *bullying*, llegaría tan lejos, convirtiéndose en una de las mujeres más hermosas de su país y representándolo a nivel mundial!

> " Quiero imaginar que fui una oruga, que luego de romper su capullo, se convirtió en una hermosa mariposa

YENIFFER GONZÁLEZ

Luego de todos esos concursos, continué mi carrera y me convertí en modelo de pasarela, ganando muchos reconocimientos que me dieron un portafolio internacional que posteriormente me abrió paso para conseguir la residencia permanente en EE. UU., como Talento Extraordinario. En mis años de modelo, viví en Madrid, España, en Miami, Florida y, por último, en Los Ángeles, California.

"Celebra quién eres en lo más profundo de tu corazón. Ámate a ti mismo y el mundo te amará.

AMY LEIGH MERCREE

3

RELACIONES AMOROSAS

No todo es como en los cuentos de hadas

Esta es la parte que quizás muchos estaban esperando. ¿Qué cuenta Yeniffer sobre su vida amorosa? Para mí hablar de mis parejas es un tema muy personal, pues algunos hicieron cosas que me lastimaron y, otros, que me llenaron de felicidad. Enfocarme solo en lo bueno no sería contar toda la verdad, porque indiferentemente de que haya sido feliz o no, aprendí algo de todos, algunos fueron personas increíbles y otras no tanto, pero todos indirectamente me impulsaron a creer en mí. Entonces, voy a contarte un poco sobre algunos de estos amores y lo que aprendí de ellos.

> " Si no ves tu propio valor, elegirás a personas que tampoco lo ven.
>
> MANDY HALE

Hablaré solo de tres personas. El primer hombre del que quiero hablar cambió mi manera de ver la relación de pareja. Él vivía, dormía y comía pensando en mí. Al menos eso me hacía creer. Me complacía en todo, pagaba la renta de donde fuera que yo quisiera vivir, depositaba dinero mensualmente en mi cuenta, pagaba todos mis gastos, me llevaba de viaje, me trataba como a una princesa, cumplía cada uno de mis deseos. Salíamos de paseo en su yate e incluso volábamos en su avioneta a otras ciudades para comer y ver el atardecer. Quizás estés pensando que era todo como una película de cuento de hadas. Y sí, así me hacía sentir. Pensaba que ese estilo de vida solo se vivía en películas. Todo parecía ser perfecto, pero claro, todo tiene su otro lado: este hombre era más de veinte años mayor que yo, tenía su vida resuelta, anteriormente había tenido un matrimonio con hijos, pero en ese momento ya estaba divorciado y quería volverse a casar y seguir teniendo hijos. Deseaba que yo no trabajara más y me olvidara del modelaje, que me dedicara únicamente a ser su esposa. Cada día me repetía que no necesitaba trabajar porque con él lo tendría todo. En ese momento de mi vida yo no quería casarme ni mucho menos tener hijos. Los días fueron pasaron y empezamos a discutir por esos temas en los que no estábamos de acuerdo, o mejor dicho, no íbamos en la misma dirección. Yo ya había pasado por ese tema con otra expareja (la cual no termino nada bien), no podía creer que se estaba repitiendo la historia, así que, sin pensarlo, salí huyendo.

Te preguntarás qué aprendí de esta relación. Aprendí que, al final, hubiese sido egoísta con él, quedándome allí y no cumplir su sueño de formar un nuevo hogar, pero también hubiese sido egoísta de su parte, que yo hubiera abandonado mi profesión que tanto me apasionaba en ese entonces. El amor no siempre, es como un cuento de hadas, donde te enseñan que habrá un final feliz, hay amores que solo pasarán por tu vida para enseñarte una lección. Esta vez mi lección era que debía seguir construyendo mi propio camino.

> " Si buscas un amor que dure eternamente, busca dentro de ti.

ANÓNIMO

Otro hombre del que quiero hablar era un narcisista. Sí, como lo lees, me enamoré de un narcisista. Obviamente, no lo supe sino hasta el final de la relación, y dirás: "Yeni, no pegas una". Tienes razón, yo también lo pensé así en aquel momento —ahora me rio—. Pero déjame que te cuente la historia:

Este hombre era joven, atractivo e inteligente, lograba conquistar el corazón de cualquiera y tenía la habilidad de convencerte de lo que él quisiera. Luego de un año de relación a distancia —yo vivía en Miami y él en Los Ángeles—, me propuso matrimonio y me pidió que me mudara con él. Me convenció de casarnos solo bajo su religión, porque según sus creencias, un hombre no podía vivir o estar con una mujer sin estar casados. Lamentablemente, acepté —aquí te va un espóiler: al final me enteré de que, para mi suerte, ese matrimonio no tenía validez legal—.

Ya juntos, ese hombre me llevó a vivir un infierno. Jugaba con mi mente como él quería, me hacía pensar y hacer cosas que no estaban en mi juicio. Inmersa en una montaña rusa de emociones con subidas y bajadas extremas, logró distanciarme de mi profesión, de mi familia y amigos. Me obligaba a vestirme como él lo considerara apropiado, e incluso a tener relaciones sexuales con él, aunque yo no quisiera, porque, según él, ese era el trabajo de una buena esposa. Así me mantuvo por tres años. Fue después de mucho maltrato psicológico que me di cuenta del daño que me estaba ocasionando; bajó hasta el piso mi autoestima, haciéndome sentir inferior a él y, por ende, provocándome la sensación de necesitarlo. Me preguntarás, ¿Yeni, como es que soportabas todas esas cosas? Bueno... no fueron cosas que él hacía de manera brusca e inconsciente. Un narcisista no siente empatía, por lo que tampoco sufre arrepentimiento. Además, era muy astuto e iba logrando lo que se proponía poco a poco. Cuando discutíamos, entre lágrimas me prometía que no lo volvería a hacer, quería que lucháramos por nuestra relación. Aunque me cueste mucho admitirlo, yo caía siempre en su manipulación, me convencía su fugaz arrepentimiento.

Él es de una familia marroquí y española que profesa el islam (la religión de los musulmanes). Yo aprendí mucho de esta religión e incluso estudié el Corán, su libro sagrado. Me gustaba mucho lo que profesa esa religión, pero me daba cuenta de que él la utilizaba a su conveniencia, realmente, no la seguía, solo se escondía en ella, él tenía la tendencia a usar a los demás siempre como una herramienta para sus propios fines.

Recuerdo nuestra última discusión, estábamos de vacaciones en Mallorca, España, donde viven sus padres, él me había prometido mejorar como pareja y dejar de ser tan posesivo y controlador. Todo iba muy bien, ya llevábamos un mes sin discusiones, salíamos de paseo con su familia y recorríamos la isla. Una noche, regresando de la playa, nuestros celulares estaban descargados y yo puse a cargar el mío y él me pidió mi cargador, porque cargaba más rápido. Recuerdo haberle dicho que esperara a que se terminara de cargar el mío, pero él venía cada cinco minutos para ver si ya estaba listo y me lo volvía a pedir, y yo volvía a repetirle lo mismo. Entonces, llegó un momento en el que se enfureció tanto que de la rabia le pegó un puñetazo a la puerta de la cocina provocándole un agujero. Era la casa de su madre y no le importó romper la puerta, ni siquiera se disculpó. Su madre trató de calmarlo, y yo quedé paralizada, me vinieron tantos pensamientos; me pregunté si en algún momento en lugar de la puerta hubiese podido ser yo a quien golpeara. Esa noche dormimos separados.

Al día siguiente, teníamos planes de ir a la playa, de nuevo con su familia, yo les mentí diciéndoles que me sentía mal y que prefería quedarme en casa para descansar. Luego de convencerles de que se fueran sin mí, hice mis maletas, llamé a mi amiga Sara que vivía cerca y me fui de la casa. Recuerdo cómo mi corazón latía a tal punto que sentí que se me iba a salir del pecho. Ya estando fuera de la casa y sintiéndome a salvo, les escribí a él y a su familia: "Gracias por la hospitalidad, pero hoy mismo me regreso a Los Ángeles". No dejé ni siquiera que me respondieran, luego de escribirles los bloqueé y esa fue la última vez que los volví a ver.

> " No hay que enamorarse de alguien para tener brillo en la mirada, enamórate de ti... ese brillo sí que tiene poder.
>
> ANÓNIMO

Claro, tanto dolor solo pudo abrirme los ojos, ahora sé que luego de tocar fondo, lo único que puedes hacer es impulsarte con todas tus fuerzas para salir a la superficie. Al terminar esa última relación, empezó mi verdadero crecimiento personal.

> " Amarse a uno mismo es el más primario de todos los mecanismos de supervivencia.

KAREN HACKEL

Pude identificar que, durante mi vida, había estado repitiendo patrones con mis parejas, y sabía que había algo en mí que lo seguía haciendo. Así que empecé a estudiar mucho sobre el amor propio, a tomar cursos, terapias psicológicas y, por fin, logre recuperarme y esta vez creando mi mejor versión, una versión que no volvería a pasar por este tipo de dolor. Aprendí a identificar lo que realmente esperaba de una relación, lo que jamás aceptaría de nuevo y lo que yo estaba dispuesta a ofrecer. Me tomó tiempo, pero aprendí mucho sobre mí misma y aún sigo aprendiendo.

Querida lectora, si has pasado por experiencias parecidas a las mías, quizá tengas miedo de volver a enamorarte, yo también llegué al punto de no creer en el amor, pero ten fe, construye tu mejor versión, trabaja en sanar tus heridas del pasado, y entenderás que el amor es el combustible más poderoso del mundo.

En el año 2022 le abrí el paso al hombre que en este momento se ha ganado mi corazón. Actualmente, tenemos año y medio de relación, nos conocimos en una *app* de citas llamada *Bumble* —debo darle las gracias a mi amiga Blanca, quien fue quien me la recomendó—.

Déjame contarte un poco sobre esta historia de amor. Yo estaba de vacaciones con mi prima Gaby, en Cancún, México, luego de una semana conociendo la Rivera Maya, llegó el día de partir, tuve que tomar un vuelo desde Cancún a Ciudad de México, porque mi avión salía de allí hasta los Ángeles. Estando en el aeropuerto, mientras esperaba mi vuelo, abrí la *app* de citas y me saltó la solicitud de un guapo piloto de aviones. Abrí su perfil y pude ver que compartíamos afinidades, así que le di *match*. Luego de hablar todo un día por esa aplicación, nos dimos cuenta de lo mucho que teníamos en común, intercambiamos nuestros números celulares y redes sociales y comenzamos a salir. Pero había un pequeño problema: él vivía en Cancún y yo en Los Ángeles, California (un problema que más adelante nos llevaría a buscar una solución).

Empezamos a viajar juntos y a conocernos mejor, luego de un mes me propuso ser su novia de la manera más romántica: me llevó a ver el amanecer volando desde un globo aerostático sobre las pirámides de Teotihuacán, en México, con un letrero gigante que decía: "¿Quieres ser mi novia?". Mi respuesta fue obvia.

Pasaron los meses, hicimos un viaje por Europa de más de cuarenta días, donde nos conocimos y complementamos aún más. Aunque seguíamos viviendo en diferentes países, nos veíamos cada mes. Yo viajaba a México para verlo y el organizaba viajes para verme en diferentes ciudades. Así nos mantuvimos durante siete meses, hasta que decidimos mudarnos juntos. Me fui unos meses a su país. Meses extraordinarios en los que vivimos muchas aventuras, viajes y experiencias. Siendo yo residente permanente de Estados Unidos, no puedo estar tanto tiempo fuera del país, así que me tocó regresar, pero esta vez él vino conmigo. Nos mudamos juntos a San Antonio, Texas, una ciudad muy caliente en el verano, pero con una gran historia y hermosos lugares por visitar.

Tenemos una relación muy sana, llena de amor y respeto. Conversamos nuestras inquietudes y buscamos la manera de entender nuestros pensamientos y lo que sentimos. Cada día trabajamos en construir una relación llena de momentos mágicos. Este hombre se ha convertido en el príncipe azul con el que soñé vivir mi historia de amor. Él es todo lo que una vez escribí en un papel pidiéndoselo al universo. Es caballeroso, romántico, atento, inteligente, disciplinado, tierno, respetuoso, honesto y, sobre todo, siempre está buscando la manera de hacerme sentir amada. Es divertido, busca el lado positivo de las cosas, me cuida, se preocupa por nuestro futuro, me hace sentir segura y me dedica tiempo de calidad. Pienso que es el hombre que toda buena mujer merece tener. Esta relación me da paz, me hace sentir amada y respetada.

> " La locura del amor es la más grande de las bendiciones del cielo.

PLATÓN

Querida, si estás pasando por momentos difíciles con tu pareja, no te sientes amada ni respetada y esa persona te hace daño, te prometo que terminar con esa relación no es el fin del mundo. Allá afuera existen personas buenas, y si esa relación te hace daño lo mejor es ponerle fin. Date un tiempo para trabajar en tu amor propio y, cuando lo consigas, verás cómo empezarán a llegar personas maravillosas a tu vida. No tengas miedo de volver a enamorarte, porque, al final, el amor siempre triunfa.

> " Como te amas a ti mismo, es como enseñas a otros a amarte.

RUPI KAUR

Durante mi vida pasé por depresión en silencio y logré salir de ese agujero donde muchas veces pensé que la vida no tenía sentido para mí. Hoy en día, luego de trabajar en mi amor propio y autoconocimiento, puedo ver la vida con los colores más brillantes que jamás había visto. Esta es una de las tantas razones por las que comparto mi historia y he creado este libro, para brindarte las herramientas que a mí me funcionaron para salir adelante y hoy tener la vida que siempre soñé.

Es importante tener un propósito y trabajar en algo que te llene de paz y felicidad, todos crecemos con un don y ciertas habilidades especiales, mira dentro de ti y consigue eso que se convierta en tu motor de vida.

4

EL ARTE DE AMARTE

Ejercicios Para el Amor Propio

PRIMER DÍA

Querida, estoy muy feliz de compartir contigo este libro. Quiero mostrarte todo lo que aprendí en este tiempo de autoconocimiento, donde busqué fortalecerme y llenarme de amor. Juntas aprenderemos cómo el amor propio puede crear una vida mejor para todos. En esta serie de ejercicios y actividades, conocerás algunos conceptos básicos para desarrollar una relación positiva y gratificante contigo misma. Aunque hay muchos ejercicios, yo te enseñaré cuáles fueron los ejercicios que, a mí, personalmente, me ayudaron. En primer lugar, debes entender lo que significa el amor propio:

El amor propio es el reconocimiento y la dignidad de uno mismo, significa que te amas incondicionalmente, aceptas y honras tus fortalezas y debilidades, confías en tus habilidades y trabajas para mejorar tus áreas débiles. Con el amor propio, tendrás una relación amorosa, duradera, saludable y realista contigo misma.

Quiero dejar claro que estos ejercicios los he aprendido durante mi vida, por medio de diplomados, cursos, talleres, seminarios, lecturas, terapias psicológicas, etc. La gran mayoría de estas actividades las modifiqué y actualicé en función de cómo a mí personalmente me han funcionado, espero que a ti te funcionen también. Recuerda, no hay nada mejor que acudir a un especialista, y aunque estos ejercicios podrás realizarlos tu sola, siempre te recomendaré ponerlos en práctica y acudir a terapia psicológica, llevar la terapia de la mano te ayudará a ver el mundo desde una nueva perspectiva.

A continuación, vamos a hacer una serie de ejercicios que te ayudarán a empezar este viaje de autoconocimiento.

1

Completa las siguientes frases, estas declaraciones te ayudarán a identificar tus fortalezas.

Me amo porque _____
Me amo porque _____
Me amo porque _____

2

Una vez hecho esto, ahora, haz una lista de tus habilidades y logros que te hacen única, esto te recordará todas las cosas magníficas que tienes, y por las que deberías de sentirte orgullosa.

Habilidades	Logros

66 El amor propio comienza y termina con el diálogo que tenemos con nosotros mismos.

KATHRYN EISMAN

3

Ahora es el momento de crear un objetivo personal. Piensa en algo que te gustaría cambiar o mejorar en tu vida, establece objetivos realistas, pero desafiantes y escríbelos en un lugar visible. Esto te recordará que es posible alcanzar lo que te propones y confiarás en tus habilidades para lograrlo.

Mi objetivo personal es _____

Voy a cambiar _____

Voy a mejorar _____

Mi objetivo a corto plazo es _____

Fecha para cumplir con el objetivo a corto plazo __/__/__

Mi objetivo a largo plazo es _____

Fecha para cumplir con el objetivo a largo plazo __/__/__

4

Con el siguiente calendario, organizarás tu horario con un día de antelación. Al despertar escribirás tu meta, y al finalizar el día escribirás qué hiciste para acercarte a ella. Debes dejar algún día libre de la semana, para hacer actividades que te den placer y paz.

Hora	Lunes	Martes	Miércoles	Jueves	Viernes	Sábado	Domingo
	Meta:	Meta:	Meta:	Meta:	Meta:	Meta:	
¿Qué me acercó?							

Querida, confía en ti, no te compares con el progreso o proceso de otros. Cada persona está luchando su batalla interna, una que tú no conoces. Sé amable con otros, pero en especial contigo misma, tú eres tu principal competencia, enfócate en ti y en la manera de como lograrlo. Respeta tu cuerpo, tu mente y tu espíritu con pequeños gestos cada día, para asegurarte de que eres tu mejor versión. El amor propio es el compromiso a estar de tu lado, a ser tu mejor amiga, y lo más importante: estar para ti incondicionalmente.

5

Actividad para recordarte cómo amarte.

Colocarás en tu celular dos alarmas con cinco horas entre una y otra. Cada vez que suenen te preguntarás:

> ¿Qué estoy haciendo?
> ¿Qué he estado pensando de mí en las últimas horas?
> ¿Son mis pensamientos útiles?
> ¿Me estoy autosaboteando?
> ¿Estoy dudando de mí?

Entonces, en ese momento que analices tus pensamientos, leerás la siguiente frase: "Soy mi mejor amiga, me amo incondicionalmente, me respeto, y me valoro".

Esta frase, escríbela en tus notas del celular o en el mismo recordatorio junto a las alarmas. Llévala contigo siempre, para que cuando lleguen esos pensamientos puedas leerla y recordar lo maravillosa que eres.

> " Eres muy poderoso, siempre que sepas lo poderoso que eres.
>
> YOGI BHAJAN

6

Actividad final

Ahora, toma cinco minutos, para escribir sobre tus progresos y reflexiona sobre lo que estás logrando, lo que te hace feliz, aquello que has aprendido hoy y por lo que te sientes agradecida.

Hoy__/__/__

_____

_____

_____

_____

_____

_____

_____

_____

_____

_____

SEGUNDO DÍA

El amor propio es la clave para la confianza en uno mismo, la felicidad y una dimensión más profunda de la autoaceptación.

1

Consigue algo que te encante hacer, que te saque de la monotonía. Esto podría ser algo tan simple como tomar una tarde libre para caminar. ¿Qué te gusta hacer? Leer, cantar, tocar algún instrumento, dibujar, bailar, dar un paseo, escuchar música, ir al cine o tomar un masaje. Escribe qué es eso, que te saca de la monotonía:

_____

_____

Ahora, comprométete a hacerlo, como mínimo, dos veces al mes.

Lo haré el día __ y también el día __ de cada mes.

Recuerda que es importante dedicarle tiempo a tu cuerpo, hacer ejercicio, comer saludablemente y mantener una hidratación adecuada, esto te ayudará a sentirte bien por dentro y por fuera, subiendo así tu autoestima.

2

Rellena el cuadro izquierdo con cinco frases negativas, que te hacen sentir mal basadas en tu personalidad y, luego, del lado derecho, las sustituirás por cinco frases que sean el lado positivo de las anteriores.

Negativas	Positivas

Querida, los pensamientos llevan a las emociones y las emociones a la reacción. Es un círculo infinito que realiza nuestro cerebro. Es por lo que necesito que cuando aparezcan esos pensamientos negativos te preguntes: "¿Qué logro con pensar eso de mí?, ¿realmente creo eso de mí?", y luego, los sustituyas o modifiques con frases positivas, por ejemplo: "Yo soy suficiente, yo me amo, yo me respeto, yo soy mi mejor amiga, yo puedo lograrlo". A medida que vayas modificando esos pensamientos negativos, por positivos, simultáneamente, tu vida comenzará a cambiar en torno a tus acciones positivas. Tu cerebro se cree todo lo que le dices, así que asegúrate de decirle cosas bonitas.

> " Siempre estás contigo mismo, así que es mejor que disfrutes de la compañía.
>
> DIANE VON FURSTENBERG

3

Actividad final

Ahora, toma cinco minutos, para escribir sobre tus progresos y reflexiona sobre lo que estás logrando, lo que te hace feliz, aquello que has aprendido hoy y por lo que te sientes agradecida.

Hoy__/__/__

_____

_____

_____

_____

_____

_____

_____

_____

Recomendación para antes de dormir: coloca tu celular lejos de ti una hora antes de acostarte, esta práctica te ayudará a desconectarte de los mensajes, notificaciones y distracciones, ayudándote a calmar tu cerebro para poder descansar mejor y tener un sueño placentero. En caso de que tengas que usar la alarma, para despertar, esta técnica también te ayudará a levantarte sin posponerla.

TERCER DÍA

El autocuidado y amor propio no se tratan de egoísmo o autocompasión desmedida: se trata de prestar atención a nuestra salud mental, emocional y física, cuidando nuestras necesidades para una vida saludable y feliz.

Para las actividades del día de hoy, necesitarás estar en una habitación privada, con un espejo y las manos libres.

1

Frente al espejo mírate fijamente a los ojos, y di tres cosas por las que estás orgullosa de ti: comenzarás por tu nombre y continuarás con cada una de las razones por las que estás orgullosa, pueden ser cosas grandes o pequeñas, por ejemplo:

Yo, Yeniffer, estoy orgullosa porque salí de mi zona de confort y escribí un libro. Yo, Yeniffer, estoy orgullosa porque limpio mis dientes con hilo dental.

Yo, Yeniffer, estoy orgullosa por escribirles con frecuencia a mis padres.
Yo, Yeniffer, estoy orgullosa porque salgo a tomar el sol.
Yo, Yeniffer, estoy orgullosa por dar mi mejor versión hoy.

Ahora escríbelo y repítelo mirándote al espejo.

Yo _____, estoy orgullosa_____.

Yo _____, estoy orgullosa_____.

Yo _____, estoy orgullosa_____.

2

Ahora te dirás fijamente a los ojos, tres cosas por la que te perdonas, ejemplo:

Yo, Yeniffer, me perdono porque muchas veces no pedí ayuda cuando realmente lo necesitaba.

Yo, Yeniffer, me perdono porque tengo pensamientos que me sabotean.

Yo, Yeniffer, me perdono por las veces que he sido muy dura conmigo misma.

Ahora escríbelo y repítelo mirándote al espejo.

Yo _____, me perdono _____.

Yo _____, me perdono _____.

Yo _____, me perdono _____.

3

Mirándote a los ojos, nuevamente, te dirás tres frases en las que te comprometes, por ejemplo:

Yo, Yeniffer, me comprometo a aceptar mi cuerpo tal y como es, con celulitis e imperfecciones.

Yo, Yeniffer, me comprometo a decirme frases positivas cada día.

Yo, Yeniffer, me comprometo a alimentarme sanamente cada día.

Yo, Yeniffer, me comprometo a realizar alguna actividad física al día.

Ahora escríbelo y repítelo mirándote al espejo.

Yo _____, me comprometo _____.

Yo _____, me comprometo _____.

Yo _____, me comprometo _____.

Por último, recuerda que dormir bien es importante para tu salud física y mental, tienes que descansar adecuadamente para que tu cuerpo se recupere del estrés diario.

" Los demás solo aman y respetan a los que se aman así mismos.

PAULO COELHO

4

Actividad final

Ahora, toma cinco minutos, para escribir sobre tus progresos y reflexiona sobre lo que estás logrando, lo que te hace feliz, aquello que has aprendido hoy y por lo que te sientes agradecida.

Hoy__/__/__

_____

_____

_____

_____

_____

_____

_____

_____

_____

CUARTO DÍA

Para practicar el autocuidado y el amor propio, todo empieza con el cuidado de la mente. Reconocer las emociones tanto positivas como negativas, es una forma saludable de conocerte mejor.

Limita el tiempo en las redes sociales, ya que esto te ayudará a evitar la comparación y disminuirá tu ansiedad, manteniendo a raya ideas negativas sobre ti. Es importante tener en cuenta que el amor propio está directamente ligado con nuestros pensamientos. Así que, si estás encontrando pensamientos negativos sobre ti, te animo a transformar esos pensamientos en palabras y acciones más amables. Esto significa ser consciente de esos pensamientos y recordarte a ti misma que eres suficiente tal como eres hoy. Es vital aprender a tratarse a uno mismo con amabilidad. Cuando nos tratamos con justicia, nos damos espacio para celebrar nuestras victorias, apreciar nuestras cualidades únicas y motivarnos a nosotros mismos.

En el ejercicio de hoy vas a elegir una actividad que te de paz, felicidad, inspiración o conexión contigo misma, algo que te guste, pero que te tome tiempo finalizar: una pintura, una coreografía, una canción, una rutina de entrenamiento físico, un poema. Luego de seleccionar alguna de estas actividades, vas a dividir la actividad en treinta días hasta lograr terminarla. Como actividad final necesitarás compartirla con alguien especial, por ejemplo: yo, Yeniffer, decidí hacer un cuadro de un paisaje y regalárselo a mi madre.

1

Elige la actividad y anótala especificando tus metas a corto y largo plazo. Ejemplo:

Actividad: pintar un cuadro.

Acción a corto plazo: avanzar cada día en la pintura, creando partes del paisaje.

Objetivo a 30 días: terminarlo y regalárselo a mi madre.

Actividad:	
Acción a corto plazo:	
Objetivo a 30 días:	

Ese tiempo libre te ayudará a conectarte con tu yo interno y a expresar tu creatividad; te enseñará que lo que te propongas lo puedes lograr con paciencia y amor.

" Hazte una promesa a ti mismo en este momento: declara que eres digno de tu tiempo y energía.

DEBORAH DAY

2

Actividad final

Ahora, toma cinco minutos, para escribir sobre tus progresos y reflexiona sobre lo que estás logrando, lo que te hace feliz, aquello que has aprendido hoy y por lo que te sientes agradecida.

Hoy__/__/__

_____

_____

_____

_____

_____

_____

_____

_____

_____

_____

_____

QUINTO DÍA

Es importante aprender a decir "no". A veces, las demandas de los demás pueden sobrepasarnos, por eso, escucha a tu propia voz y sé consciente de lo que puedes manejar. Elige compañías que te hagan sentir bien. La gente que elijas puede influir en cómo te sientes contigo misma. Hacerse amiga de personas positivas y respetuosas, te ayuda a mantener una buena actitud. También puedes practicar la "autoalabanza", haciendo cosas positivas por ti, como tomarte la tarde libre para descansar, consentirte con un masaje o pasar tiempo con alguien que te haga feliz.

1

El ejercicio de hoy consiste en responder las siguientes preguntas:

¿Con qué o quién me comparo y por qué?

_____

_____

¿Qué siento que hay detrás de querer agradarle a otros?

_____

_____

¿De qué me echo la culpa?

_____

_____

Ahora te preguntarás:

¿De qué me sirve compararme?

_____

_____

¿De qué me sirve preocuparme de lo que piensen de mí?

_____

_____

Cada que te vengan estos pensamientos ten en cuenta que cada persona es diferente, cada uno pelea sus propias batallas, cada uno tiene experiencias diferentes, cada uno invirtió un tiempo específico para lograr un objetivo específico. Nadie es peor o mejor que nadie, todos estamos creciendo y avanzando en la medida que podemos hacerlo. El amor propio es una parte integral del autocuidado. Recuerda que eres un ser único y maravilloso. Trata con amabilidad y paciencia a tu mente y tu cuerpo, evita compararte con los demás e intenta construir confianza en ti misma. Usa tus autoalabanzas, ya sean pequeñas o grandes, como combustible para alcanzar tus metas.

" Un deseo de ser otra persona sería una pérdida de la persona que realmente soy.

MARILYN MONROE

2

Actividad final

Ahora, toma cinco minutos, para escribir sobre tus progresos y reflexiona sobre lo que estás logrando, lo que te hace feliz, aquello que has aprendido hoy y por lo que te sientes agradecida.

Hoy__/__/__

_____

_____

_____

_____

_____

_____

_____

_____

_____

_____

SEXTO DÍA

La práctica regular del autocuidado y el amor propio, nos ayudan a conectarnos mejor con nosotros mismos, a fortalecer nuestra autoestima y a tomar mejores decisiones de vida.

Nuestra actividad del día de hoy será una meditación de unos minutos para conectarte con tu yo interno.

1

En una habitación privada, siéntate en el piso con las piernas cruzadas y las manos libres tocando tus muslos, cierra los ojos, mantén tu cuerpo relajado, dibuja una pequeña sonrisa en tu rostro y empieza a visualizar el siguiente escenario:

Piensa que eres un ser de luz, todo tu cuerpo está impregnado de una luz azul que empieza a subir por los dedos de tus pies, sigue por tus pantorrillas, continúa por tus rodillas, sigue tus muslos, luego por tus caderas, tus genitales, tu estómago, tu pecho, esta luz recorre tus hombros, brazos, manos, sube por tu cuello hasta llegar a tu rostro y continua infinitamente hasta el cielo.

Esta luz trae salud, fuerza, amor, compasión, perdón y pureza. Esta luz te llena de paz y felicidad y te susurra al oído que eres suficiente, que puedes lograr todo y cuánto te propongas, que ahora tú eres luz y podrás compartir esa luz con quien amas. Abrázate, respira profundo, poco a poco y con suavidad abre los ojos.

Con esta actividad lograste conectar con tú yo interior, te recomiendo hacerla cada mañana o antes de salir de casa.

Te dejo un enlace con el audio de esta actividad, para que la puedas realizar de manera cómoda sin leer de nuevo el texto. Este es un acceso privado y gratuito que tú como lector de este libro tienes. Entra al siguiente enlace de *YouTube* capítulo 4, sexto día: https://youtu.be/lc5ghPON8J8

66 Quien mira afuera, sueña; quien mira adentro, despierta.

CARL GUSTAV JUNG

2

Actividad final

Ahora, toma cinco minutos, para escribir sobre tus progresos y reflexiona sobre lo que estás logrando, lo que te hace feliz, aquello que has aprendido hoy y por lo que te sientes agradecida.

Hoy__/__/__

_____

_____

_____

_____

_____

_____

_____

_____

_____

_____

_____

_____

_____

_____

SÉPTIMO Y ÚLTIMO DÍA

El día de hoy, necesitarás estar en una habitación privada. Siéntate cómodamente, pon mucha atención, ya que para esta actividad utilizarás tus sentidos. Con tus ojos verás cada parte de tu cuerpo que iré nombrando y con tus manos las irás tocando.

1

Empezamos con los pies, pantorrillas y muslos. Míralos, tócalos y dales, gracias por ser fuertes y permitirte caminar, diles: "Gracias por darme la bendición de poder levantarme cada día, gracias por permitirme caminar, gracias por mantenerme estable y no dejarme caer". Ahora mira tu estómago y tu pecho, tócalos, siente tu corazón, y di: "Gracias por mantenerme con vida, por permitirme alimentarme, digerir la comida, ir al baño y bombear mi sangre para que mi cuerpo y cerebro funcionen correctamente". Toca tus brazos y manos, también puedes olerte mientras te tocas, y di: "Gracias por permitirme tocar, gracias por permitirme abrazar y poder sostener cosas". Ahora toca cada parte de tu rostro, y di: "Gracias por permitirme respirar, alimentarme, oír y ver". Ahora abrázate completamente en posición fetal, y di: "Gracias a mi cuerpo que se esfuerza cada día por darme vida y por hacerme una persona autosuficiente. Me doy gracias porque a partir de hoy me amo incondicionalmente y me comprometo a ser mi mejor versión y también a respetarme, valorarme, amarme y alabarme, porque yo soy suficiente, soy fuerte, yo soy amor".

Te dejo un enlace con el audio de esta actividad, para que la puedas realizar de manera cómoda sin leer de nuevo el texto. Este es un acceso privado y gratuito que tú como lector de este libro tienes.

Entra al siguiente enlace de YouTube capítulo 4, séptimo día: https://youtu.be/lc5ghPON8J8

" Aceptarnos tal y como somos significa valorar nuestras imperfecciones tanto como nuestras perfecciones.

SANDRA BIERIG

Recuerda poner en práctica todas las actividades que has aprendido. Aplicar estos principios de autocuidado y amor propio, puede cambiar el curso de tu vida. Todos merecemos un poco de cariño y cuidado, si continúas practicando diariamente estas áreas críticas de tu vida, pronto estarás disfrutando una vida mental y emocionalmente saludable. Cuando cambias tu mente y tu energía, cambia lo que atraes a tu vida.

2

Actividad final

Ahora, toma cinco minutos, para escribir sobre tus progresos y reflexiona sobre lo que estás logrando, lo que te hace feliz, aquello que has aprendido hoy y por lo que te sientes agradecida.

Hoy__/__/__

_____

_____

_____

_____

_____

_____

_____

_____

_____

_____

5

NOTA DE LA AUTORA

Querida, muchas veces, estamos rodeados de personas tóxicas y negativas en nuestra vida. Como gran consejo te diré: lo mejor que puedes hacer es distanciarte de ese tipo de personas, porque, aunque no lo creas, las energías influyen mucho en la manera en como vemos la vida. Tus ideas pueden cambiar si cambias de amistades y relaciones personales. Como seres humanos siempre estamos en constante cambio, y eso está bien, porque es parte de nuestra evolución.

- Cambia de trabajo si no te sientes cómoda con lo que te ofrecen o con tu círculo laboral.

- Apártate de amistades o relaciones personales que sacan lo peor de ti.

- Elige con cuidado porque tu entorno se convertirá en ti. Te conviertes en lo que te rodeas. Las energías son contagiosas.

- Rompe con la relación amorosa que solo te agota mentalmente y con más razón si esa relación te hace daño física y psicológicamente.

- Consigue personas positivas, con pensamientos de superación, de amor y honestidad. Parece mentira, pero tu calidad de vida mejora drásticamente cuando te rodeas de personas inteligentes, buenas, positivas y amables.

- Si por último no puedes terminar o separarte de ciertas personas, porque son parte de tu familia, lo mejor es mantener distancia. No elegimos nuestra familia, pero sí podemos no dejarnos influenciar.

- Date la oportunidad de ir a terapia, de hablar con un especialista, su única intención es estar allí para ti, para escucharte y ayudarte. Los psicólogos y psiquiatras están para ayudarte a conseguir la solución de ese problema que crees que no la tiene.

- Nunca pierdas la fe en ti, por muy dura y complicada que se vea la vida, mira a tu alrededor, siempre habrá personas buenas que pueden darte una mano.

- Confía en tus habilidades, cree en ti, y recuerda que nunca es tarde para hacer eso que tanto quieres hacer.

- Trátate con amor y con amabilidad, recuerda que eres tu mejor amiga. Eres la única que puede arreglarse a sí misma y seguir adelante. Sé que curarse el corazón también puede doler un montón, pero te prometo que tu bienestar vale cada lágrima.

- Sé amable siempre, porque tú puedes ser el respiro de alguien que tiene una tonelada de angustia detrás de una sonrisa. No tienes idea de la cantidad de gente que vive realidades dolorosas en silencio. Siempre recuérdalo.

El doctor Mauricio González, especialista en medicina para la obesidad, en su cuenta de Instagram (@dr.mauriciogonzalez) dice: "El ejercicio no es una sugerencia de vida, es una demanda biológica. Hasta la fecha sabemos que, realizar ejercicio de fuerza y aeróbico, se relaciona potencialmente a la prevención y tratamiento de veintiséis enfermedades comunes en seres humanos. Puede incrementar la población neuronal del hipocampo y promover una reparación más efectiva de nuestro ADN. El cómo no importa, es irrelevante si estás vestida con el *outfit* más *trendy* de algunas marcas, o en pijama. Lo que importa es que sometas tu cuerpo al estrés benéfico del ejercicio. Lo puedes hacer en casa o en el gimnasio. Hazlo, es lo que importa".

"Tus creencias se convierten en tus pensamientos, tus pensamientos se convierten en tus palabras, tus palabras se convierten en tus acciones, tus acciones se convierten en tus hábitos, tus hábitos se convierten en tus valores, tus valores se convierten en tu destino", Mahatma Gandi.

Querida, espero hayas disfrutado estas actividades de amor propio y autocuidado. Por llegar hasta aquí, quiero regalarte una consulta gratuita, para que puedas hablar con un especialista, en caso de que tengas alguna inquietud en la que quieras trabajar. Un psicólogo estará allí para escucharte. No estás sola.

Para obtener este beneficio, sigue estos pasos:

1. Entra en mi cuenta personal de Instagram @yeniffergonzalezz (si es de tu agrado puedes seguirme, es opcional).
2. En mi última publicación escribe, "Quiero trabajar en mi mejor versión".
3. Espera. En breve, un especialista se pondrá en contacto contigo.

Este servicio (regalo/consulta) estará disponible siempre y cuando yo consiga mantener las alianzas con los especialistas de la salud, o hasta agotar la disponibilidad del servicio.

Quiero agradecerte por lo mucho que me ayudarías compartiendo tu opinión en el portal de comentarios donde compraste este libro, ya que es importante para mí ayudar a personas que, como nosotras, están pasando por momentos difíciles y necesitan apoyo. Recomendar este libro, o regalarle uno a alguna amiga, puede cambiarle la vida.

Si quieres enterarte de nuevos proyectos, productos, conferencias, entrevistas, eventos, y algunas otras sorpresas, inscríbete en mi página web: www.yeniffergonzalezz.com

> " Amarse a sí mismo es el comienzo de un romance de por vida.

OSCAR WILDE

6

CARTA A MIS AMIGOS.

María Fernanda, o (como te llamaba yo de chiquita): "Marifer", cómo olvidar cuando jugábamos a las muñecas, fuiste mi mejor amiga desde los tres años. Tú y tu familia se volvieron parte de la mía. Vivimos tantos momentos bonitos: como cuando tu mamá, a quien llamo tía Lola, te iba a buscar en el kínder en una bicicleta gigante, y yo me iba con ustedes, tú y yo juntas montadas en la barra. O cuando nos dejábamos de hablar por tonterías y lo arreglábamos minutos después con una sonrisa. ¿Recuerdas cuando antes de llegar al liceo, íbamos a desayunar empanadas? En aquel lugar de comida rápida de la esquina de la parada de transportes públicos. Esos y muchos recuerdos más siguen en mi memoria. Aunque vivamos en diferentes países, la distancia jamás nos separará.

Yosmary, aún recuerdo cuando un día me quitaste mi comida del kínder (ja, ja, ja). Eras una niña con mucho carácter, pero, poco a poco, fuiste ablandando tu corazón, hasta el punto de convertirte en mi amiga. Juntas, Marifer, tú y yo, crecimos jugando muñecas, yendo a clases, hablando de nuestros primeros amores. ¿Recuerdas cuando íbamos a la academia de baile de Lorena y Mario, y nos contrataban para hacer presentaciones en público? ¿Recuerdas cuando fuiste cupido entre mi primer novio y yo? Quiero que sepas que amé compartir nuestras vidas y aún atesoro esos hermosos recuerdos.

Suleika, Geilibeth y Raúl, recuerdan nuestro grupo de baile al que llamábamos Clase 406, como la serie juvenil del momento (ja, ja, ja). Recuerdo lo popular que éramos, lo mucho que nos divertíamos bailando y creando coreografías. Fue una etapa muy bonita, momentos increíbles que jamás podre olvidar.

Compañeros del colegio Ángel Quintero, gracias por haber formado parte de esa etapa tan bonita, los recuerdo a cada uno de ustedes con mucho cariño.

Yohaiver, espero que recuerdes cuando íbamos al campo que estaba frente a nuestras casas. Salíamos con una libreta, bolígrafo y una lupa que no recuerdo de dónde saqué (ja, ja, ja). Nos creíamos niños exploradores e íbamos a buscar capullos de mariposas para verlas crecer. Fuiste mi primer mejor amigo, siempre amaba pasar tiempo contigo, siempre con una gran y hermosa sonrisa. ¿Recuerdas cuando te enseñé a comer tomate y pepino con cubito saborizante, salsa de soya y limón? (Ja, ja, ja).

Amigos del liceo José Antonio Chávez, fueron muchos de ustedes con los que compartí momentos únicos, con algunos fui a la playa, con otros compartí el club de disciplina, otros fueron mi grupo de estudios — competíamos sanamente para ser los mejores estudiantes— y con otros compartí el club ambiental. Recuerdo el último año de clases, lo despedimos yéndonos de viaje y nos divertimos mucho en el camino, bailando, escuchando música, bromeando, tomando fotos y compartiendo conocimientos con el profe de Geografía. Me llevo hermosos recuerdos de todos ustedes, mis compañeros y profesores quienes hicieron de esa etapa una experiencia maravillosa.

Amigos de la universidad del Zulia "Luz" con quienes estudie Ingeniería Geodésica. Aún recuerdo cuando me sorprendieron con un pastel de chocolate y letreros por mi cumpleaños dieciocho. Cómo olvidar que llenaron todo mi rostro de pastel (ja, ja, ja). Con ustedes compartí esa etapa mágica, pero a la vez complicada. Mis primeras lágrimas de frustración por no entender cálculo, álgebra y geometría (ja, ja, ja). ¿Aún recuerdan cuando los viernes después de clases íbamos al cine?

Amigos y profesores del UNIR, ¡qué puedo decirles a ustedes! Mil gracias por el amor y el apoyo, gracias por impulsarme a creer en mí. Formaron parte muy importante de mi crecimiento profesional. Y es que, de no haber sido por ustedes, quienes me insistieron tanto en participar en ese concurso de belleza institucional, yo no hubiese vivido tantas experiencias maravillosas como las que viví después de ganar ese concurso. Gracias. Espero que aún recuerden cuando, para celebrar nuestro fin de trimestre, íbamos a comer *pizza* en el barrio del Saladillo.

Ricardo, gracias, porque desde el día que te conocí siempre estuviste para mí incondicionalmente. No voy a olvidar cuando después de mi cirugía estética pasabas por mí a mi casa para llevarme a mis terapias y consultas médicas. Tampoco voy a olvidar cómo me mirabas con ojos de amor, incluso, mientras mi cara estaba toda morada por la operación, con bandas y un yeso en la nariz, me decías que aun estando así con moretones en los ojos, me seguía viendo hermosa. Realmente me enseñaste que la belleza no viene del físico, sino del corazón.

Jeudiel, gracias por enseñarme que los verdaderos amigos, se apoyan en momentos difíciles sin esperar nada a cambio. Fuiste mi alivio en un momento de tormenta.

A mis maquillistas, estilistas, diseñadores y representantes, les agradezco por haber creído en mi potencial incluso antes de que yo misma lo hiciera; por ayudarme a resaltar mis cualidades para lograr mis objetivos, gracias.

Faddya y Priscila, tras conocernos en Miami, se convirtieron en mis grandes amigas. A ustedes, gracias por estar allí. Gracias por manejar largas distancias para visitarme o incluso tomar un avión. Gracias por enseñarme que, aunque tengamos vidas ocupadas y vivamos a grandes distancias, siempre podré contar con ustedes. Faddya, gracias por enseñarme el verdadero significado de la palabra amiga, me apoyaste y acompañaste en muchos momentos maravillosos. Priscila, aún recuerdo cuando tú con toda tu familia me fuiste a apoyar en mi primer desfile en Miami. Ustedes dos formaron la etapa más bonita que pude vivir en Florida, gracias.

Lucero, Melissa y Blanca, aunque son tres personalidades totalmente opuestas, si algo tengo que agradecer de mudarme a Los Ángeles, es el haberlas conocido. Ustedes forman mi círculo de amistades actuales, son con quienes he compartido mis últimos años, hemos viajado, celebrado, llorado y crecido juntas. ¡Le agradezco tanto a la vida por haberlas puesto en mi camino! Les doy gracias por llenarme de tanto amor. Lucero, como olvidar cuando nos conocimos trabajando en Porto's Bakery, luego de eso, hemos compartido momentos extraordinarios. Melissa, quién diría que después de que dos hermanos nos rompieron el corazón, terminaríamos volviéndonos amigas inseparables. Gracias por hacerme tía de un hermoso príncipe. Blanca, espero nunca olvides nuestras aventuras de cuando trabajábamos en el aeropuerto de Amazon "KSBD" donde no parábamos de reír entre bromas, o cuando planificamos un viaje maravilloso a Seattle y nos sorprendió la nieve y el carro se resbalaba mientras subíamos las colinas. Espero que mi influencia para que entraras al ejército de EE. UU. te esté dando grandes experiencias y la vida que siempre quisiste vivir. Chicas, de verdad, gracias por permanecer en mi vida, las amo.

Son muchas las personas que han dejado alguna huella en mí: momentos inolvidables, recuerdos que llevo en el corazón. A todos ustedes, personas maravillosas que me acompañaron en mis mejores y peores momentos, y a quienes algún día llamé mis ángeles, gracias por haber estado ahí para mí y, aunque muchos nos hemos distanciado por diferentes motivos, siempre los llevo en mi corazón.

CARTA A MI FAMILIA

Mamá, tú siempre das más de lo que recibes, tienes el corazón más noble y bondadoso que conozco. Perdón, porque, muchas veces, no supe valorar tus esfuerzos. Trabajabas incansablemente para alimentarnos y eso tuvo como consecuencia dejarnos al cuidado de mi bisabuela, no sabías que recibiríamos tantos maltratos por su parte. Aunque la manera de educarnos no fue la correcta, quiero que sepas que no te culpo por dejarnos con ella. Sé que, desde tu corazón, añorabas compartir tiempo con nosotros. También sé que en tu niñez sufriste mucho, y que de adulta hiciste lo mejor que pudiste con lo que tenias, en ese momento. Aunque poco fue el tiempo que compartimos, fue suficiente para demostrarme el amor más puro y verdadero que jamás había conocido. Me enseñaste que el amor de madre puede ser el poder más fuerte y valioso del mundo. Gracias porque, a medida que fui creciendo, te convertiste en mi mejor amiga. Aún recuerdo cuando tenía cinco años y te levantabas muy temprano para vestirme y enviarme con el transporte al kínder, mis lágrimas recorrían mis mejillas, porque sabía que no volvería a verte hasta el día siguiente. Y cuando llegabas temprano del trabajo, yo salía corriendo para abrazarte. Recuerdo cómo tu sonrisa iluminaba tu rostro, tus dorados rizos perfectos se movían con el viento y tus ojos color miel me hacían suspirar. Tampoco olvidaré que, en aquella época de la universidad en la que regresé a vivir contigo, como con tanto amor me despertabas con un beso y una taza de café para juntas ver el amanecer. Espero poder siempre demostrarte lo mucho que te amo y lo orgullosa que me siento de ser tu hija.

Papá, hubiese querido más amor, comprensión y atención de tu parte durante mi crecimiento. Ese apoyo que cualquier niño necesita de un padre. Me dolió tu ausencia en muchas etapas de mi vida. Me dolió no verte en mi graduación del kínder. Años después, mantuve la esperanza de que aparecieras en mi graduación del colegio, pero nunca llegaste. En el año en el que me mudé a vivir contigo, me dieron un reconocimiento por mejor promedio académico, y vi que todos los padres acompañaban a sus hijos, excepto el mío. Más adelante perdí la esperanza y decidí no invitarte a mi acto de grado de Bachillerato. Estuviste tan ausente desde mi niñez hasta mi adolescencia, que me costó mucho trabajo superar ese dolor. Aunque nunca te has disculpado por tus errores, quiero que sepas que te perdoné desde hace mucho tiempo. Pero, también te pido perdón, porque luego entendí que tu vida tampoco fue fácil, que nadie te enseñó a ser un buen padre. Que desde tu ignorancia hiciste lo mejor que estuvo en tus manos. Quiero decirte que, aunque recuerde el pasado, ya no me duele, porque sané mi corazón. Me quedo con esos bonitos recuerdos de cuando éramos niños y nos llevabas a la playa, o cuando nos llevabas a tu casa, alquilabas películas y nos preparabas la comida (un día alquilaste *La espada en la piedra*, del mago Merlín y el rey Arturo, se convirtió en mi película favorita porque enlaza ese bonito recuerdo en el que yo estaba acostada en tu pecho mientras la veíamos). Ya de adulta, ¿te acuerdas cuando me llevabas a mis ensayos para los concursos de belleza?, ¿recuerdas ese último viaje a Curazao? Aprendí que, aunque el pasado puede doler, es mi decisión sanar y construir un presente más hermoso. Te amo.

Abuela Inés, me faltan palabras para explicarte el amor y el agradecimiento que siento por ti. Me enseñaste la mayoría de los principios y valores que llevo en mi corazón. Me enseñaste el verdadero amor incondicional. Gracias por educarme, gracias por darme tanto amor, por tus consejos y bendiciones, gracias por aún seguir ahí para mí. Jamás olvidaré todos los momentos que hemos compartido, como cuando dormíamos juntas y me contabas tus interesantes historias de vida, hasta quedarme dormida. Aún recuerdo cuando de niña me regalaste una *Barbie* que traía un armario repleto de vestuarios, ¡amé tanto a esa *Barbie*! ¿Recuerdas cuando de niña me caía en el kínder? Siempre regresaba a casa con chichones en la frente, y tú llenabas mi cara de mentol para aliviar el dolor. Al final, me ardían más los ojos por el mentol, que el mismo dolor del chichón (ja, ja, ja). Te amo con todas mis fuerzas.

Hermano JJ, fueron tantos momentos que compartimos, infinitas aventuras e historias. Éramos como almas gemelas. Recuerdo cómo reíamos sin parar, de niña fuiste mi mejor amigo y confidente. Aunque vivamos en países diferentes, y tú ya seas padre de dos hermosas niñas, quiero que sepas que te sigo viendo como cuando teníamos seis y nueve años. Te admiro por haberte convertido en un buen hombre, por romper patrones y crear una familia llena de amor. Te amo.

Al resto de mi familia, materna y paterna, quiero decirles que nunca olviden cuánto los amo, no me cansaré nunca de decírselos. Y aunque no fui yo quien los eligió como familia al nacer, si pudiera en otra vida elegirlos, sin duda lo volvería a hacer. A pesar de que hemos pasado todos por momentos difíciles, siempre estaremos ahí apoyándonos y llenándonos de amor. No somos la familia perfecta, pero son la familia que amo tener. Quisiera nombrarlos a todos en este libro, pero son muchos (ja, ja, ja).

A mis padres, hermanos, hermanas, abuelas, abuelo, tías, tíos, primas, primos, a todos, gracias por hacer de mi vida una escuela de experiencias y vivencias maravillosas. Los amo.

> " Cada vez que odias, una parte de ti se destruye. Cada vez que perdonas, te sanas a ti mismo.

WALTER RISO

Naty, Kevin y Paul, gracias por abrirme las puertas de sus casas y adoptarme como parte de su familia, gracias por creer en mí, por apoyarme e impulsarme a crecer, gracias por ser esa familia que tanto necesitaba fuera de mi país. Ustedes me enseñaron que una familia no necesariamente tiene que ser de la misma sangre. Gracias por tanto amor incondicional.

Querida lectora, por supuesto quiero agradecerte también a ti. Gracias por apoyarme y leer mi primer libro, gracias por querer ser una mejor versión para ti y para quienes te rodean.

7

MI RUTINA ACTUAL

Querida, te comparto mi rutina diaria, hacer estas actividades hacen que mis días tengan sentido y orden. Quizás te ayuden a ti también.

- Tengo la costumbre de despertar con la luz del sol que entra por mi ventana. No me gustan las alarmas, siento que mi corazón y oídos explotan al escucharlas.
- Voy al baño, hago mis necesidades fisiológicas: me cepillo los dientes (me miro al espejo y me digo algunas frases positivas y motivadoras), me pongo mi ropa para ir al gimnasio y peino mi cabello.
- Regreso a la habitación para extender la cama.
- Voy a la cocina, preparo mi desayuno y peso mis comidas. Uso una aplicación para registrar mis alimentos del día (esto me ayuda a saber las calorías y nutrientes que consumo).
- Desayuno (trato de ser más consciente, mastico despacio, prestando atención a los olores, texturas y sabores de mi comida).
- Reviso mis actividades que agendé el día anterior en los recordatorios de mi *iPhone*.

- Preparo la proteína para llevármela y luego tomarla al salir del gimnasio.
- Voy al *gym*, entreno (depende del día: pesas y/o cardio) y mientras lo hago escucho música, *pódcast* o algún audiolibro.
- Regreso a mi auto y me tomo la proteína mientras voy de regreso a casa.
- Llego a casa, tomo una ducha y me visto cómoda.
- Les escribo a mis padres y a mi abuela.
- Tomo mis vitaminas (A, D, C, E, biotina, colágeno y multivitamínico).
- Me siento en mi oficina y comienzo a trabajar en mis proyectos/emprendimientos. (Antes de empezar con algún proyecto, hago lo posible por escribir mis objetivos a corto, mediano y largo plazo; hacer esa práctica me facilita las actividades diarias y me ayuda mucho con el avance para lograr mis metas).
- Preparo mi almuerzo, vuelvo a pesar y registrar los alimentos.
- Regreso a la oficina para dedicarle muchas horas a mis estudios y clases *online* de psicología, casi el resto del día.
- Preparo la cena, peso y registro los alimentos.
- Tomo una ducha, cepillo mis dientes.
- Voy a la cama, me siento cómodamente, tomo mi diario (las notas del *iPhone*) y escribo sobre mi día, mis sentimientos y algunas ideas que se me hayan ocurrido.
- Agendo mis actividades para el día siguiente en mis recordatorios del *iPhone*.
- Leo un poco de algún libro (mis favoritos son los de crecimiento personal).
- Y me voy a dormir.

Ninguna de mis actividades tiene horarios específicos porque, actualmente, tengo un estilo de vida muy flexible. Suelo agendar mis actividades un día antes y eso me ayuda a hacer más ordenada y a no olvidar las cosas que tengo que hacer al día siguiente. No todos los días son iguales, ya que también suelo alternar entre rutinas de cuidado personal y *mindfulness*. Algunos días del mes tengo cita con mi terapeuta. Y cuando mi novio está en casa, mi rutina suele cambiar, puesto que priorizo pasar tiempo de calidad con él.

Si te da curiosidad cómo realizo alguna de mis actividades, puedes seguirme en mis redes sociales y hacerme cualquier pregunta en los comentarios de mis publicaciones. Con gusto te responderé.

Y, por último, querida, te dejo la importancia que tiene la salud mental y física para mí: ir a terapia y hacer ejercicio va más allá de una apariencia superficial, es un descubrimiento de todo el potencial que hay dentro de mí. Es entender que si mi cabeza no está bien nada lo estará; es aumentar mi autoestima; es aprender a valorar mi proceso; es hacer lo mejor que puedo para vivir en el presente; es entender que luego de sanar ya no seré la misma, ahora seré una mejor versión de mí. Y claro que me dolerá, habrá días buenos y otros no tan buenos. Sentirme frustrada, enojada, estresada o decepcionada es parte del proceso, pero vale la pena cada lágrima, ¡estoy segura!

8

SOBRE LA AUTORA

Yeniffer Rossana González Molero, fiel creyente de la frase: "Sé quien tú quieras ser", nació el 1 de julio de 1993, en la ciudad de Maracaibo del estado Zulia, Venezuela. Estudia Psicología en la Universidad Bicentenaria de Aragua en Venezuela. Es autora de los libros *Querida yo el arte de amarte y Colorea tu autoestima*, y cuenta con diversos cursos y seminarios relacionados con: Intervenciones para combatir la depresión; introducción a la sexología clínica y terapia sexual; Autismo en primera infancia; introducción a la terapia de parejas; Simposio en psicología clínica y herramientas terapéuticas; Mindfulness como herramienta terapéutica; Trastorno afectivo bipolar abordaje en salud mental; Comprendiendo las características clínicas del TDHA; Cuentos, historias como herramientas clínicas en psicoterapia; Plan de seguridad para las crisis suicidas; Uso de *tests* cognitivos breves: consideraciones clínicas, neuropsicológicas y psicométricas.

A sus treinta años ha logrado los siguientes méritos académicos y profesionales: Bachiller en ciencias y Graduada como Técnico superior universitario en administración. Con diplomados en: Gerencia empresarial; Contabilidad; Marketing digital; Auxiliar de enfermería; Cocina internacional; Cocina saludable.

En su trayectoria como reina de belleza, logró alcanzar los siguientes meritos: Ganadora del concurso institucional Señorita UNIR, obtuvo los títulos "Señorita UNIR 2014" y "Señorita Elegancia 2014". Ganadora en el concurso regional del estado Zulia, Miss Nor Occidental, obtuvo los títulos "Miss Nor Occidental 2015" y "Chica Garbo 2015". Como candidata oficial del Miss Venezuela, obtuvo los títulos "Miss Zulia 2015", "Miss Piernas de Venus 2015" y "Finalista Top 10 del Miss Venezuela 2015". Ganadora en el concurso CN Models International Search en Ecuador, obtuvo los títulos "Mejor Rostro 2017" Y fue ganadora del CN Models International Search EFW 2017". Ganadora del concurso Dama Diamante en Miami, Florida, obtuvo el título "Dama Diamante Miami 2018".

En su trayectoria como modelo de pasarela, desfiló para diversos diseñadores y marcas internacionales.

❝ Sin oscuridad no habría luz, sin tormentas no habría arcoíris y sin lluvia no vivirían las flores.

YENIFFER GONZÁLEZ

Puedes contactarme en mis redes sociales:

Instagram: Yeniffergonzalezz
TikTok: Yeniffergonzalezz1
www.yeniffergonzalezz.com

Son cuentas personales, así que, no te asustes si ves cosas que no esperabas (ja, ja, ja). Y recuerda que *"juzgar a una persona no define quién es ella, define quién eres tú".*

9

BIBLIOGRAFÍA

Querida Lectora, también quiero compartir contigo las lecturas que han influenciado mi manera de pensar y ver la vida. Estas me han acompañado en mi crecimiento.

No es cuestión de leche, es cuestión de actitud, Carlos Saúl Rodríguez

¿Quién se ha llevado mi queso?, Spencer Johnson, M.D.

La culpa es de la vaca, Jaime Lopera y Marta Inés Bernal

Desapegarse sin anestesia, Walter Riso.

Las siete leyes espirituales del éxito, Deepak Chopra

Comer, Rezar, Amar, Elizabeth Gilbert

Síntesis de la sabiduría espiritual, Kaled Yorde

El alquimista, Paulo Coelho

El código de las mentes extraordinarias, Vishen Lakhiani

BIBLIOGRAFÍA

Los hombres son de Marte, las mujeres son de Venus, John Gray

El poder de los pensamientos positivos, Norman Vincent Peale

Cómo hacer que te pasen cosas buenas, Marian Rojas Estape

La tienda de magia, James R. Doty

El poder del ahora, Eckhart Tolle

El club de las 5 de la mañana, Robin Sharma

Los 7 hábitos de la gente altamente efectiva, Stephen R. Covey

Los cuatro acuerdos, Dr. Miguel Ruiz

El monje que vendió su Ferrari, Robin Sharma

El secreto, Rhonda Byrne

Inteligencia emocional, Daniel Goleman

Padre rico, padre pobre, Robert T. Kiyosaki

Enamórate de ti, Walter Riso

Encuentra tu persona vitamina, Marian Rojas Estapé

www.ingramcontent.com/pod-product-compliance
Lightning Source LLC
LaVergne TN
LVHW021612080426
835510LV00019B/2539